Eleni Stefanidou

Marionette einer fremden Macht

Nathanael und der Automat
in E.T.A. Hoffmanns „Sandmann"

Stefanidou, Eleni: Marionette einer fremden Macht: Nathanael und der Automat in
E.T.A. Hoffmanns „Sandmann". Hamburg, Bachelor + Master Publishing 2014
Originaltitel der Arbeit: Das Automatenmotiv in E.T.A. Hoffmanns "Der Sandmann"

Buch-ISBN: 978-3-95684-389-1
PDF-eBook-ISBN: 978-3-95684-889-6
Druck/Herstellung: Bachelor + Master Publishing, Hamburg, 2014
Coverbild: pixabay.com
Zugl. Heinrich-Heine-Universität Düsseldorf, Düsseldorf, Deutschland, Studienarbeit, 1999

Bibliografische Information der Deutschen Nationalbibliothek:
Die Deutsche Nationalbibliothek verzeichnet diese Publikation in der Deutschen Nationalbibliografie; detaillierte bibliografische Daten sind im Internet über http://dnb.d-nb.de abrufbar.

Das Werk einschließlich aller seiner Teile ist urheberrechtlich geschützt. Jede Verwertung außerhalb der Grenzen des Urheberrechtsgesetzes ist ohne Zustimmung des Verlages unzulässig und strafbar. Dies gilt insbesondere für Vervielfältigungen, Übersetzungen, Mikroverfilmungen und die Einspeicherung und Bearbeitung in elektronischen Systemen.

Die Wiedergabe von Gebrauchsnamen, Handelsnamen, Warenbezeichnungen usw. in diesem Werk berechtigt auch ohne besondere Kennzeichnung nicht zu der Annahme, dass solche Namen im Sinne der Warenzeichen- und Markenschutz-Gesetzgebung als frei zu betrachten wären und daher von jedermann benutzt werden dürften.

Die Informationen in diesem Werk wurden mit Sorgfalt erarbeitet. Dennoch können Fehler nicht vollständig ausgeschlossen werden und die Diplomica Verlag GmbH, die Autoren oder Übersetzer übernehmen keine juristische Verantwortung oder irgendeine Haftung für evtl. verbliebene fehlerhafte Angaben und deren Folgen.

Alle Rechte vorbehalten

© Bachelor + Master Publishing, Imprint der Diplomica Verlag GmbH
Hermannstal 119k, 22119 Hamburg
http://www.diplomica-verlag.de, Hamburg 2014
Printed in Germany

Inhalt

1 Einleitung 1

2 Entwicklung des Automatenmotivs 2

    2.1 Geschichte des Automaten in Literatur und Technik 2

    2.2 Entwicklung des Automatenmotivs aus dem Marionettenstil und seine Bedeutung
        für die Romantik 3

3 Das Automatenmotiv im „Sandmann" 6

    3.1 Nathanael als Automat 6

    3.2 Nathanael und Olimpia 7

        3.2.1 Die Belebung Olimpias 7

        3.2.2 Vergleich Clara – Olimpia 9

        3.2.3 Der Automat als Reflektor 10

        3.2.4 Olimpias Zerstörung 11

    3.3 Die Automatenbauer 11

4 Gesellschaftskritik im Automatenmotiv 13

5 Fazit 16

6 Literaturverzeichnis 18

    6.1 Primärliteratur 18

    6.2 Sekundärliteratur 18

1 Einleitung

Was ist ein Automat? Das Wort „Automat" kommt aus dem Griechischen und bedeutet „Selbstbeweger". In der Industrie sind Automaten Maschinen, die selbsttätig bestimmte Arbeitsvorgänge durchführen. Im Alltag verstehen wir darunter meist solche Geräte wie Getränkeautomaten, Fahrkartenautomaten, Geldautomaten und Spielautomaten, Geräte, die nach Geldeinwurf oder dem Einführen einer Karte eine Ware verkaufen oder eine Dienstleistung anbieten. In der heutigen Zeit sind also Maschinen, die selbständig arbeiten und uns dadurch das Leben vereinfachen, allgegenwärtig.

In früheren Jahrhunderten wurden hingegen zweckfreie Automaten gebaut, bei denen es darum ging, die Natur so gut wie möglich nachzuahmen, zumal die Idee einer eigenen Schöpfung den Menschen seit jeher beschäftigt hat. Dies wurde in der Literatur u.a. als Automatenmotiv aufgenommen. Dabei geht es also um selbstbewegliche Kunstwerke, im engeren Sinne um künstliche Menschen.

In E.T.A. Hoffmanns Gesamtwerk kommen künstliche Menschen in vielfacher Ausführung vor, wobei sich die Novelle „Der Sandmann" sehr gut zur Darstellung der seelischen Auswirkungen des Automaten auf den Menschen eignet. Weiterhin ist darin das Verhältnis von Mensch und Gesellschaft unter Berücksichtigung des Schicksalsaspekts von zentraler Bedeutung.

Um die Erzählung in einen größeren Kontext einzuordnen, soll zunächst kurz die Geschichte des Motivs des künstlichen Menschen in der Literatur dargestellt werden – parallel dazu der reale technische Fortschritt. Die Entwicklung des Automatenmotivs aus der literarischen Behandlung der Marionette macht eine Betrachtung ihrer Bedeutung notwendig. In diesem Zusammenhang wird auch der Frage nachgegangen, weshalb gerade in der Romantik ein besonders großes Interesse an künstlichen Menschen herrschte und welche zentralen Probleme das Automatenmotiv anspricht.

Als Schwerpunkt folgt eine eingehende Textanalyse, bei der verschiedene Facetten des Automatenmotivs beleuchtet werden sollen. Hauptaspekte sind hier u.a. Nathanaels Unfreiheit im Hinblick auf das Schicksal, seine Beziehung zum Automaten Olimpia und dessen Funktion. Ein zweiter wesentlicher Punkt der Analyse ist die Kritik Hoffmanns an einer automatisierten Gesellschaft.

2 Entwicklung des Automatenmotivs

2.1 Geschichte des Automaten in Literatur und Technik

Das Motiv des künstlichen Menschen taucht bereits in der antiken Mythologie auf. Bei Hesiod erfahren wir vom Mythos der Pandora. Weil Prometheus den Göttern das Feuer gestohlen hatte, gab der griechische Göttervater Zeus Hephaistos den Auftrag, eine Frau zu bauen, um die damals nur aus Männern bestehende Menschheit zu bestrafen. Epimetheus verliebte sich in die künstliche Frau Pandora trotz der Warnung seines Bruders Prometheus. Als er sie zu sich nahm, öffnete sie ihre Büchse, aus der heraus sich Krankheit und Übel auf der Welt verbreiteten.

In Ovids Metamorphosen findet sich die Erzählung über den Bildhauer Pygmalion. Aus Ärger über die echten Frauen schuf dieser sich eine Statue. Diese war aber von solcher Schönheit und Perfektion, dass er sich in sie verliebte. Die Göttin Aphrodite erfüllte ihm schließlich seinen größten Wunsch und schenkte der Statue das Leben.

Zu jener Zeit war es technisch bereits möglich, selbstbewegliche mechanische Kunstwerke zu bauen. Spitzenleistungen brachte die Schule von Alexandria hervor. Byzanz wurde später ein weiteres Zentrum des Automatenbaus, in dem prunkvolle Automaten zu Repräsentationszwecken entstanden.

In der Literatur des Mittelalters kommen wiederholt Automaten vor, u.a. bewegliche Statuen und mechanische Vögel, wobei der damalige Stand der Technik den Bau letzterer durchaus erlaubte. In den Bereich der Sage gehören dagegen der mechanische Türsteher des Albertus Magnus und der sprechende Kopf des Papstes Sylvester II., der den Papst bei schwierigen Fragen beraten haben soll.

Mit dem Aufblühen der Uhrmacherkunst im 14. Jahrhundert konnten immer kompliziertere Automaten gebaut werden. Das Uhrwerk selbst galt seit dem 18. Jahrhundert als Symbol der Ordnung und Harmonie sowie des von Gott geschaffen, regelmäßig funktionierenden Universums. Im 16. Jahrhundert avancierten die Automaten zum Repräsentationsobjekt des Adels, der sich als einziger die teuren beweglichen Weihnachtskrippen, Wasserspiele und Tierautomaten leisten konnte.

Die technische Entwicklung ermöglichte im 18. Jahrhundert schließlich den Bau von immer naturähnlicheren Automaten. Eine herausragende Stellung als Automatenbauer erreichte der Mechaniker Jacques de Vaucanson mit seinem fast lebensgroßen Flötenspieler und seiner fressenden und verdauenden Ente. Es entstanden Maschinen, die die menschliche Sprache imitierten, und Automaten mit einem Höchstmaß an Menschenähnlichkeit. Die drei Androiden der beiden Schweizer Jacquet-Droz erregten so großes Aufsehen, dass ihren Erbauern ein Pakt mit dem Teufel nachgesagt wurde und eine Verurteilung durch die Inquisition drohte. Es kam danach tatsächlich zu immer mehr Betrügereien durch Scheinautomaten, also durch Menschen, die sich als Automaten ausgaben. Die Technik widmete sich schließlich hauptsächlich der Entwicklung von Nutzmaschinen.[1]

Bereits dieser kurze Abriss der Geschichte des Automaten verdeutlicht das ewige Streben des Menschen, genau wie die Götter Lebewesen zu erschaffen. Der Drang zur Perfektion macht die Technik zum Ersatz für die Natur. In den Automaten präsentiert sich vermeintlich die Ordnung der Schöpfung, des Lebens und der Gesellschaft. Dies macht die Kunstwerke für die Menschen attraktiv, aber auch unheimlich und verbindet sie mit Elementen des Dämonischen.

2.2 Entwicklung des Automatenmotivs aus dem Marionettenstil und seine Bedeutung für die Romantik

Hoffmann selbst zeigt früh Interesse an Automaten. Er informiert sich über Automatenbauer seiner Zeit und besucht im Oktober 1813 eine Automatensammlung in Dresden. Auch soll er selbst kleine Automaten angefertigt haben. Überhaupt herrscht ein großes Interesse an mechanischen Kunstwerken in der Romantik. Die obengenannten Androiden sind Sensationen. Ebenfalls großer Beliebtheit erfreuen sich Puppenspieler, einige Puppentheater können sich etablieren.[2]

In der Literatur schlägt sich dieses Interesse nieder, seit die perfekten Automaten mit Menschen verwechselbar sind.[3] Dort entwickelt sich das Automatenmotiv aus der dichterischen Behandlung der Marionette.

Die Marionette als eine an Fäden gebundene Puppe zeichnet sich durch eine von einem über sie stehenden Lenker erzeugte Beweglichkeit aus. Einerseits erscheint sie somit lebendig, andererseits ist sie von der Willkür des Lenkers abhängig. Die Marionette verkörpert also die „Zwitterhaftigkeit menschlicher Existenz"[4] und die Lenkung des Menschen durch das Schicksal oder eine höhere Macht. Diese Bedeutung der Marionette macht sie zu einem ausdrucksstarken Stilmittel in der deutschen Dichtung. In der Epoche des Sturm und Drang symbolisiert sie Resignation oder Auflehnung gegen das un-

---

[1] Vgl. zur Geschichte des Automaten Lieselotte Sauer: Marionetten, Maschinen, Automaten. Der künstliche Mensch in der deutschen und englischen Romantik, Bonn 1983, S. 12-24.
[2] Vgl. Dietrich Kreplin: Das Automatenmotiv bei E.T.A. Hoffmann, Bonn 1957, S. 11ff.
[3] Vgl. Ulrich Hohoff: E.T.A. Hoffmann. Der Sandmann. Textkritik, Edition, Kommentar, Berlin und New York 1988, S. 335.
[4] Kreplin, S. 1.

abwendbare Schicksal, welches das nach Freiheit und Unabhängigkeit strebende Genie behindert. Die satirische und parodistische Seite der Marionette wird im Rationalismus hervorgehoben. Die Romantik vereint diese Elemente, bringt jedoch auch die Perspektive des Fädenziehers mit in die Dichtung ein. Vor allem findet sich immer wieder die für die romantische Periode charakteristische dualistische Weltauffassung, das Gespaltensein zwischen Welt und Ich, Natur und Geist.[5]

Neben der als negativ aufgefassten Abhängigkeit und Leblosigkeit bekommt die Marionette nun aber auch positive Nuancen zugesprochen. Bei Tieck ist es die Lenkbarkeit der Puppe, die sie zum Spielzeug für die Phantasie des Dichters geeignet macht. Kleist hingegen hebt die Harmonie in den Bewegungen der Marionette und die Einheitlichkeit des Mechanismus hervor. Die Betrachtung der Marionette als mechanische Einheit stellt dabei die Überleitung zum Automatenmotiv dar.[6]

Dieses findet sich bei zahlreichen Autoren der Romantik, u.a. bei Jean Paul, Clemens Brentano, Bonaventura, Achim von Arnim. In den Werken E.T.A. Hoffmanns, in denen neben Automaten auch Marionetten, Puppen, Alraune und Golems auftreten, bildet es ein zentrales Motiv.[7]

Das große Interesse der romantischen Dichter an künstlichen Menschen lässt sich damit begründen, dass das Automatenmotiv die wichtigsten Probleme der Romantik anspricht. Auf den wesentlichen Bedeutungselementen des Marionettenstils aufbauend, stellt das Automatenmotiv „die Frage nach dem Sinn und den Möglichkeiten der menschlichen Existenz, nach Freiheit oder Unfreiheit in Bezug auf einen christlichen Gott oder auf ein undefinierbares, ungreifbares Schicksal".[8] Der Optimismus der Aufklärung, dass der Mensch die Schöpfung mechanisch erklären kann und somit in die Lage kommt, sie nachahmen zu können, wird kritisiert. Die Betrachtung der Schöpfung als Maschine oder Uhrwerk degradiert den Menschen zu einem Bestandteil der Maschine. Als Rädchen im Uhrwerk ist der Mensch abhängig, unfrei und der Geistlosigkeit eines maschinalisierten Lebens unterworfen.[9]

Hoffmann möchte durch die Verwendung des Automatenmotivs dem Leser und der Gesellschaft einen Spiegel vorhalten, da sich für ihn „in einer Automate, ihrem Scheinleben und ihren Beziehungen zu ihrer organischen Umwelt das Verhältnis Mensch – Welt – Technik, das Verhältnis Mensch zu Mensch und die Beziehungen des Individuums zu

---

[5] Ebd., S. 2ff.
[6] Ebd., S. 5f.
[7] Vgl. Hohoff, S. 335.
[8] Sauer, S. 341.
[9] Ebd., S. 342f.

Gott und der Welt widerspiegeln und symbolisieren".[10] Im „Sandmann" wird die Beziehung zwischen dem künstlerischen, phantasiebegabten Menschen und der beschränkten, materialistischen Gesellschaft dargestellt. Das Automatenmotiv kann dabei unter dem Gesichtspunkt des zerrissenen Künstlers gesehen werden, der auf der Suche nach Anerkennung erstarrt, sowie in Bezug auf die leblose Gesellschaft, welche Gefühle zugunsten eines mechanischen Verhaltens unterdrückt.[11]

---

[10] Kreplin, S. 117.
[11] Vgl. Sauer, S. 345f.

3 Das Automatenmotiv im „Sandmann"

3.1 Nathanael als Automat

Das Automatenmotiv begegnet uns im „Sandmann" bereits im ersten Brief Nathanaels, in dem er ein traumatisches Erlebnis aus seiner Kindheit beschreibt. Von unwiderstehlicher Neugier getrieben, versteckt sich der zehnjährige Nathanael im Zimmer seines Vaters, um die Identität des geheimnisvollen Sandmanns zu ergründen. Als er die Gestalt des Advokaten Coppelius, den die Kinder als unheimlichen Gast kennen, erblickt und diesen für sich mit dem furchterregenden Sandmann identifiziert, ist er in seinem Versteck wie „festgezaubert"[12], d.h. er kann sich vor Grauen und Faszination nicht vom Fleck bewegen. So beobachtet er seinen Vater und Coppelius, wie sie versuchen, einen Automaten zu bauen. Als ihm Menschengesichter ohne Augen erscheinen, treibt ihn das Entsetzen aus seinem Versteck in die Arme des Coppelius, der dem Jungen die Augen stehlen will. Davor kann der Vater seinen Sohn noch bewahren, allerdings ist Nathanaels Grauen so groß, dass er sich dem Sandmann hilflos ausgeliefert fühlt. Dies zeigt sich an seiner Vorstellung, dass Coppelius ihm die Hände und Füße abschraubt und woanders wieder einzusetzen versucht. Nathanael wird hier als Automat, sein Organismus als Mechanismus behandelt. Dazu kommt das teuflische Erscheinungsbild des Advokaten, das ihn in die Nähe des Schicksals rückt und für Nathanael zu einer Verderben bringenden Kraft macht. Nathanael fühlt sich demnach hier und im weiteren Verlauf der Geschichte als Marionette einer fremden Macht.[13]

Diese sieht seine Verlobte Clara zwar als nur in seinem Inneren existent, bezeichnet sie aber trotzdem treffend als „dunkle Macht, die so recht feindlich und verräterisch einen Faden in unser Innerstes legt, woran sie uns dann festpackt und fortzieht auf einem gefahrvollen, verderblichen Weg, den wir sonst nicht betreten haben würden" (H 14, 13-16). Mehrmals fühlt sich Nathanael von dieser Macht in die Gefahr gezogen: Als der Wetterglashändler Coppola in seiner Wohnung auftaucht, stürzt ihn das in eine „zerrissene Stimmung des Geistes" (H 3, 12); er sieht sein Liebesglück mit Clara von Coppelius gefährdet; eine „unwiderstehlich[e] Gewalt" (H 28, 19) treibt ihn mehrmals dazu, Olimpias Anblick zu verfallen. Ebenso könnte man den Brand in seiner Wohnung, der ihn zwingt, gegenüber von Spalanzani ein Zimmer zu beziehen, schicksalhaft nennen, da dies die nähere Bekanntschaft mit Olimpia ermöglicht.

---

[12] E.T.A. Hoffmann: Der Sandmann, herausgegeben von Rudolf Drux, Stuttgart 1991, S. 8, Z. 27. Im Weiteren zitiert als Sigel (H plus Seitenzahl, Zeilenangabe).
[13] Vgl. Sauer, S. 233.

Schließlich reagiert Nathanael im Wahnsinn „in gräßlicher Raserei tobend" (H 36, 36), „wie ein gehetztes Tier" (H 39, 25) und „mechanisch" (H 39, 20). Diese Ausdrücke verdeutlichen, dass er nur noch automatisch, also ohne Überlegung und ohne eigenen Willen handelt.[14]

Es muss beachtet werden, dass Claras und Nathanaels Positionen zwei verschiedene Wirklichkeitsauffassungen zugrunde liegen, die auch beide für sich gesehen logisch sind. Daher kann keine absolute Aussage über das Schicksal gemacht werden.[15]

3.2 Nathanael und Olimpia

Auch der Beziehung Nathanaels zum Automaten Olimpia greift Clara mit folgenden Worten voraus:

> „Es ist auch gewiß [...], daß die dunkle psychische Macht, haben wir uns durch uns selbst ihr hingegeben, oft fremde Gestalten, die die Außenwelt uns in den Weg wirft, in unser Inneres hineinzieht, so daß wir selbst nur den Geist entzünden, der, wie wir in wunderlicher Täuschung glauben, aus jener Gestalt spricht. Es ist das Fantom unseres eigenen Ichs, dessen innige Verwandtschaft und dessen tiefe Einwirkung auf unser Gemüt uns in die Hölle wirkt, oder in den Himmel verzückt." (H 14, 24-34)

Auf diese Textstelle wird im Folgenden zurückgegriffen werden.

Nathanael sieht Olimpia das erste Mal, als er bei seinem Physikprofessor Spalanzani ist. Wieder ist es eine fremde Macht, die ihn etwas tun lässt, was sein ganzes Leben verändern wird. Durch einen kleinen Spalt erblickt er ein „hohes, sehr schlank im reinsten Ebenmaß gewachsenes, herrlich gekleidetes Frauenzimmer" (H 16, 24-26). Er bewundert ihre perfekte Schönheit, bemerkt aber auch ihre starren Augen, die ohne Sehkraft sind und ihm Olimpia unheimlich erscheinen lassen. Dieses Urteil stimmt mit dem seiner Freunde überein, nachdem sie Olimpia auf dem Ball gesehen haben. Auch sie finden Spalanzanis vermeintliche Tochter schön, aber durch ihren Blick, welcher „ohne Lebensstrahl [...], ohne Sehkraft" (H 33, 3f.) ist, macht sie den Eindruck einer seelenlosen und unheimlichen Holzpuppe.

3.2.1 Die Belebung Olimpias

Zu diesem Zeitpunkt ist Nathanael bereits blind vor Liebe, da er den Automaten für sich beseelt hat. Dies geschieht nach seinem Einzug in das Haus gegenüber von Spalanzani,

---

[14] Vgl. Hohoff, S. 338.
[15] Vgl. Rudolf Drux: Marionette Mensch. Ein Metaphernkomplex und sein Kontext von E.T.A. Hoffmann bis Georg Büchner, München 1986, S. 81.

denn dadurch kann er aus seinem Fenster genau in das Zimmer blicken, in dem Olimpia, ohne sich zu bewegen, sitzt. Zunächst ist sie ihm äußerst gleichgültig; er betrachtet sie als „schöne Bildsäule" (H 26, 9), zumal er ihr Gesicht nur „undeutlich und verworren" (H 25, 36-26, 1) wahrnehmen kann.

Dies ändert sich, als Coppola ihm ein Perspektiv verkauft, durch das er alles scharf und klar erkennen kann, so auch Olimpias Gesicht. Doch gerade dadurch werden Nathanaels Augen, die als Organe der visuellen Wahrnehmung auch „als Metapher für Erkenntnis schlechthin"[16] gelten, getäuscht. Das Perspektiv als „Symbol einer fremdbestimmten, von außen gelenkten Wahrnehmung"[17] verzerrt Nathanaels Perzeption und lässt ihn das Tote mit dem Lebendigen verwechseln.

Als Künstler empfindet Nathanael stets sehr intensiv und ist gefühlsbetonter als seine für ihn „kalte prosaische" (H 33, 15) Umwelt. Hoffmann stellt dies mit Ausdrücken wie „entzünde[n]" (H 24, 12), „glühen" (H 30, 24) und „hoch entflammt" (H 31, 8) klar heraus. Ebenso ist Nathanaels Wahnsinn mit Begriffen aus demselben Wortfeld dargestellt: „mit glühenden Krallen" (H 36, 20f.), „Feuerkreis"(H 36, 23).

Diesen Gefühlsüberschwang und Überfluss an Lebensenergie kann Nathanael nun durch das Perspektiv kanalisieren und auf Olimpia übertragen.[18] Mit jedem schärferen Blick durch das Fernrohr entzündet er die Sehkraft des Automaten, so dass dieser ihm schließlich als „himmlisch-schöne" (H 27, 33) Frau erscheint. Von diesem Augenblick an brennt Nathanael vor Leidenschaft und Liebe zu ihr. Dabei wird sein Verlangen durch einen vorläufigen Entzug seines Lustobjekts unermesslich gesteigert; er kann nur noch an Olimpia denken und verdrängt Clara aus seinem Herzen.

Umso erfreuter ist er, als er zu Spalanzanis Fest eingeladen wird, auf welchem des Professors Tochter in die Gesellschaft eingeführt werden soll. Dort muss allerdings die Belebung der Holzpuppe von neuem durchgeführt werden. Erst als Nathanael durch das Perspektiv Olimpias sehnsüchtigen Liebesblick erschaut, wird auch ihre Musik beseelt.[19] Beim Tanz wird seine Wärme ebenfalls durch das Auge sowie durch das Ergreifen von Olimpias Hand auf seine hölzerne Partnerin übertragen. Zum dritten Mal wiederholt sich dieser Vorgang beim Abschiedskuss: Ihre „eiskalte[n] Lippen" (H 31, 26) werden von Nathanaels heißen belebt.

---

[16] Ebd., S. 84.
[17] Ebd.
[18] Vgl. Hohoff, S. 330.
[19] Vgl. Sauer, S. 234.

Der Vorgang der Belebung von Unbelebtem durch die Übertragung von Lebensenergie rückt das Automatenmotiv in die Sphäre des Unheimlichen und der Magie, zumal Olimpia nur auf Kosten Nathanaels lebendig erscheinen kann.[20]

3.2.2 Vergleich Clara – Olimpia

Im Gegensatz zu Nathanael ist Olimpia durch Ausdrücke aus dem Bereich ‚Kälte' gekennzeichnet, was auf ihre Leblosigkeit hindeutet. So wird Nathanael beim Ergreifen ihrer Hand von „grausigem Todesfrost" (H 30, 20) erfasst, und ihr kalter Kuss lässt ihn an die Legende von der toten Braut denken.

Clara wirkt auf Nathanael jedoch genauso kalt. Ihr „kaltes prosaisches Gemüt" (H 22, 10) bereitet ihm Verdruss, da er sich unverstanden fühlt. Überhaupt treten im Text sehr viele Parallelen zwischen Claras Beschreibung und der des unbelebten Automaten auf. Am Anfang sieht Olimpia aus, „als schliefe sie mit offnen Augen" (H 16, 31f.), während Nathanael kurze Zeit später Claras „nicht zu besiegende geistige Schläfrigkeit" (H 22, 8) beklagt. Ferner benutzt Nathanael ähnliche Begriffe, um seine zwei Partnerinnen zu idolisieren: Solange er Clara liebt und sie ihn nicht kritisiert, ist sie sein „süßes liebes Engelsbild" (H 17, 4f.), hat ein „himmlisch reines, herrliches Gemüt" (H 38, 35) und einen leuchtenden Geist. Olimpia lobt er mit den Worten „O du herrliches, du tiefes Gemüt" (H 34, 18f.), „hoher herrlicher Liebesstern" (H 28, 35) und „himmlische Frau" (H 31, 12f.).

Zudem ähneln sich Clara und Olimpia in der äußeren Erscheinung. Zwar gilt Clara nicht direkt als schön, aber von Architekten werden „die reinsten Verhältnisse ihres Wuchses" (H 19, 22) gelobt. In gleicher Weise muss Siegmund Olimpias regelmäßigen Wuchs anerkennen. Enthusiasten sehen aus Claras Augen „wunderbare himmlische Gesänge und Klänge [ihnen] entgegenstrahlen" (H 19, 32f.), während Nathanael in Olimpias Augen „feuchte Mondesstrahlen" (H 27, 29) aufgehen sieht.

Weiterhin umfassen die sprachlichen Fähigkeiten des Automaten nur die Interjektion „Ach!" und die formelhafte Wendung „Gute Nacht, mein Lieber!" (H 34, 18). Ebenso liegt es Claras „schweigsamer Natur" (H 20, 8f.) nicht, viel zu reden.

Olimpia ist also „eine radikalere Nachbildung der Clara"[21], was die beiden als Partnerinnen für Nathanael austauschbar macht.

---

[20] Vgl. Hohoff, S. 337f.
[21] Brigitte Feldges, Ulrich Stadler: E.T.A. Hoffmann. Epoche – Werk – Wirkung, München 1986, S. 145.

3.2.3 Der Automat als Reflektor

Was Nathanael an Clara und Olimpia bindet, ist ihre Leere, die seine Phantasieproduktion herausfordert.[22] Clara kann jedoch Nathanaels „dunkle, düstere, langweilige Mystik" (H 22, 11f.) nicht verstehen, weshalb sie ihren Verlobten kritisiert. Von ihrem kalten Gemüt abgestoßen, weicht dieser daher auf Olimpia aus, die sich als tote Puppe seinen stundenlangen Lesungen nicht widersetzen kann. Ironischerweise beschimpft Nathanael Clara gerade in dem Moment mit den Worten „Du lebloses, verdammtes Automat!" (H 24, 4f.), als sie sich seiner anzunehmen versucht.

Doch Nathanael benötigt „Partner, die sich als Echo seines Inneren gebrauchen lassen"[23], was bedeutet, dass er nur seine Gedanken aus dem Mund seiner Partnerin hören will. Er verträgt keine Kritik, ist also auch zu echter, zweiseitiger Kommunikation nicht fähig.[24] Olimpias „gänzliche Passivität und Wortkargheit" (H 34, 30f.) macht sie deshalb zur perfekten Partnerin für Nathanael. Das ständige „Ach!" ist dabei das Minimum an Kommunikation, „das den Eindruck des Monologs verhindert"[25]; es ist ein Zeichen für mögliches Verständnis. Aus diesem Grund kann Nathanael dieses Wort auch „als echte Hieroglyphe der innern Welt voll Liebe und hoher Erkenntnis des geistigen Lebens in der Anschauung des ewigen Jenseits" (H 33, 22-24) bezeichnen. In das an sich sinnleere „Ach!" kann Nathanael sein gesamtes Innenleben hineinprojizieren und als Olimpias Antwort herauslesen.

Überhaupt fungiert Olimpia als Gefäß, das Nathanaels überschwängliche Gefühle und überströmende Lebensenergie in sich aufnimmt. So eignet sie sich auch als Spiegel für Nathanaels narzisstische Persönlichkeit.[26] Seine Worte „Du tiefes Gemüt, in dem sich mein ganzes Sein spiegelt" (H 31, 14) und „nur in Olimpias Liebe finde ich mein Selbst wieder" (H 33, 18f.) zeigen also nicht nur, dass er sich von Olimpia vollkommen verstanden fühlt, sondern vor allem, dass es unmöglich ist, vom Automaten missverstanden zu werden. Olimpias Funktion als Spiegel verschafft Nathanael eine Illusion des Verständnisses seiner Kunst und der Bestätigung, die er braucht, um sich geliebt zu fühlen und um seine Identität zu akzeptieren.[27]

Wie in Claras oben zitierten Worten ist dementsprechend aus Nathanaels Außenwelt eine fremde Gestalt in sein Leben getreten, die er mit seiner Wärme zum Leben erweckt hat, so dass er nun seine Gedanken, sein eigenes Ich in Olimpia erkennt und sie ihn als vermeintliche Seelenverwandte „in den Himmel verzückt" (H 14, 34).

---

[22] Ebd.
[23] Ebd., S. 146.
[24] Vgl. Drux, S. 84.
[25] Hohoff, S. 333.
[26] Ebd., S. 332f.
[27] Ebd., S. 333.

3.2.4 OLIMPIAS ZERSTÖRUNG

Dass er getäuscht worden ist, wird Nathanael erst mit der Zerstörung des Automaten bewusst. Doch auch diese Erkenntnis vollzieht sich nur allmählich, was den hohen Grad von Nathanaels Verblendung verdeutlicht.

Nathanael geht mit dem Vorhaben, Olimpia einen Heiratsantrag zu machen, zu Spalanzanis Wohnung hinauf, als er aus dem Zimmer des Professors Lärm und zwei wütende Stimmen hört. Drinnen sieht er Spalanzani und Coppola um „eine weibliche Figur" (H 35, 28) kämpfen. Entsetzen und Zorn flammen in ihm auf, als er in ihr Olimpia erkennt. Doch selbst da sieht Nathanael in ihr noch seine Geliebte, die er verteidigen muss. Erst als Olimpias Füße „auf den Stufen hölzern klapper[n] und dröhn[en]" (H 36, 5f.) und vor allem, als er statt Augen in ihrem Gesicht „schwarze Höhlen" (H 36, 8) erblickt, nimmt Nathanael wahr, dass es sich bei seiner Seelenverwandten um einen Automaten handelt.

Die Augen, die als „Seelenorgan"[28] gelten, sind das Kriterium, anhand dessen sich Mensch und Maschine unterscheiden lassen. Durch ihr Fehlen kann Olimpias Automatenwesen nicht mehr verdeckt werden. Außerdem ist Nathanael nun nicht mehr in der Lage, Olimpia durch die Augen zu beleben; sie verliert ihre Funktion als Reflektor und als Projektionsfläche seiner Ideale. Da sich Nathanael mit all seinen Gefühlen und seiner ganzen Lebensenergie Olimpia hingegeben hatte (H 33, 34f.: „er lebte nur für Olimpia"), muss ihre Zerstörung unweigerlich für ihn zum Wahnsinn führen.[29]

3.3 DIE AUTOMATENBAUER

Olimpias Erbauer ist Nathanaels Physikprofessor Spalanzani, den Hoffmann an einer Stelle als „geschickten Mechanicus und Automat-Fabrikanten" (H 37, 3f.) bezeichnet. Aus seiner Entrüstung, dass Coppelius/Coppola ihm sein bestes Automat geklaut hätte, geht hervor, dass er schon mehrere Automaten gebaut haben muss. Verständlich ist da, dass ihm Nathanaels Besuche bei Olimpia sehr willkommen sind und er ihm „allerlei unzweideutige Zeichen seines Wohlwollens" (H 34, 37-35, 1) gibt, bestätigt sich doch durch die Täuschung der Außenwelt seine Kunstfertigkeit.

Zur Benennung nach einem der berühmtesten Naturforscher, Lazzaro Spallanzani (1729–1799), dürften Hoffmann dessen Versuche veranlasst haben, Tiere künstlich zu befruchten. Dieser Aspekt kann in Zusammenhang mit der biologisch-magischen Menschenproduktion gesehen werden, einer Sache, die Alchimisten und Magier aller Zeiten beschäftigt hat. Dabei wurde versucht, aus verschiedenen Rohstoffen, unter denen

---

[28] Ebd., S. 337.
[29] Vgl. Kreplin, S. 81.

Sperma eine besondere Rolle spielte, einen künstlichen Menschen, den sogenannten Homunkulus, zu erschaffen.[30]

Dies wiederum verbindet das Automatenmotiv noch enger mit der Magie und dem Unheimlichen, was sich auch in der Erscheinung der Automatenbauer zeigt. Spalanzani wird von Nathanael als „wunderlicher Kauz" mit „aufgeworfnen Lippen" und „kleinen stechenden Augen" (H 16, 15-17) beschrieben. Als er durch den dunklen Ballsaal schreitet, klingen seine Schritte „hohl wider", „von flackernden Schlagschatten umspielt" bekommt er „ein grauliches gespenstisches Ansehen" (H 31, 33-34). Diese Beschreibung ähnelt der seines Helfers Coppola bzw. Coppelius. Jener hat „grünliche Katzenaugen", die unter „buschigten grauen Augenbrauen [...] stechend hervorfunkeln", und das „schiefe Maul [...] zum hämischen Lachen" (H 7, 15-19) verzogen. Auf Nathanael wirkt er „widrig und abscheulich" (H 7, 30). Dazu passt, dass Nathanaels Vater während der Szene im Labor dem Coppelius ähnelt und für den Jungen „zum häßlichen widerwärtigen Teufelsbilde" (H 9, 5f.) wird.

Die Automatenbauer bekommen also bei Hoffmann – wie der Automat – nichtmenschliche Züge, die fremd, unnatürlich und grauenerregend erscheinen.[31]

---

[30] Vgl. Sauer, S. 24f.
[31] Vgl. Hohoff, S. 323.

4 Gesellschaftskritik im Automatenmotiv

Hoffmann benutzt das Automatenmotiv auch, um satirisch auf die Zustände in einer Gesellschaft hinzuweisen, die selbst aus Automaten zu bestehen scheint.

Auf dem Ball, auf dem Olimpia in die Gesellschaft eingeführt wird, erkennt niemand sie als Automat, sie macht auf die Leute lediglich einen merkwürdigen Eindruck. Es wird ihre Schönheit bewundert; der „etwas seltsam eingebogene Rücken, die wespenartige Dünne des Leibes" (H 29, 26f.) wird nur auf das Tragen eines zu fest geschnürten Korsetts zurückgeführt. Zur damaligen Zeit war dies ein unverzichtbarer Teil der Kleidung, der aus den natürlichen Formen der Frauen eine genormte und den damaligen Schönheitsidealen entsprechende Figur machte. Die „Mechanisierung der Körperlichkeit"[32] war hiernach an der Tagesordnung.

Gleichsam werden Olimpias steife Haltung und ihr abgemessener Schritt, welche ganz deutlich auf ihre hölzerne Beschaffenheit hinweisen, dem gesellschaftlichen Zwang zugeschrieben. Nur einige Personen wundern sich darüber, die Mehrheit akzeptiert diese Gegebenheit als selbstverständlich.

Olimpias Auftreten offenbart ein Übermaß an Künstlichkeit, welches in auffälliger Art und Weise auf ihr wirkliches Wesen hindeutet. In der Erzählung fühlen sich aber nur einige Studenten und junge Leute davon gestört, die als Randgruppen der bürgerlichen Gesellschaft von den höher angesehenen Bürgern nicht ernst genommen werden.[33] Dabei kommt Nathanaels Freund Siegmund der Wahrheit erstaunlich nah. Er bezeichnet Olimpia als „Holzpuppe" (H 32, 25f.), was sie ja tatsächlich ist. In einer Klimax zählt er alles auf, was ihm an ihr seltsam vorkommt, ohne jedoch die letzte Konsequenz zu ziehen. Er vergleicht sogar ihre Bewegungen mit denen „durch den Gang eines aufgezogenen Räderwerks" (H 33, 5f.) bedingten, ihr Musizieren und Tanzen mit dem einer Maschine, womit er den eigentlichen Sachverhalt aufgedeckt hätte. Auch seine Einschätzung „es war uns, als tue sie nur so wie ein lebendiges Wesen" (H 33, 10) ist zutreffend, lässt ihn jedoch nicht den entscheidenden Schluss ziehen.

Die Allgemeinheit stört sich aber nicht weiter an Olimpias künstlichem Auftreten. Sie besucht „mit Glück" (H 37, 9) Teezirkel, in denen ihre Starre und Leblosigkeit nicht auffallen. Daraus kann man auf die Umgangsformen in diesen Kreisen schließen, welche sich anscheinend nicht vom Verhalten eines Automaten unterscheiden. Die Gesellschaft wird damit selbst unmenschlich, degradiert ihre Mitglieder durch mechanisch ausgeführte

---

[32] Bernhild Boie: Der zärtliche Haubenstock und die schöne Automate: Zur weiblichen Kunstfigur der Romantik, in: Seminar 20, 1984, S. 249.
[33] Ebd.

Tätigkeiten zu Automaten. Es gibt nichts spezifisch Menschliches mehr, durch das sich Maschinen und Menschen voneinander abheben könnten.[34]

So wird Olimpias wahres Wesen erst nach ihrer totalen Zerstörung erkannt. Die Reaktionen darauf sind allerdings recht ungeschickt. Juristen nennen Spalanzanis Tat einen besonders schlau durchgeführten Betrug, andere wollen im Nachhinein Unterschiede zwischen Olimpias Verhalten und dem der Teeisten erkannt haben. Damit weist die empörte Gesellschaft jede Schuld von sich, was lediglich zur Verdrängung des Problems und nicht zu dessen Lösung führt.[35]

Die Konventionen der Teezirkel ändern sich kaum. Es wird nur öfter gegähnt als geniest, um jegliche Ähnlichkeit mit der niesenden Olimpia zu vermeiden, als ob dies ein gültiges Kriterium wäre, an Hand dessen man Menschen von Automaten unterscheiden könnte. Die Maßnahmen der Liebespaare gehen etwas weiter. Von den Frauen wird verlangt, taktlos zu singen und zu tanzen, zu sticken und zu stricken und gelegentlich so zu sprechen, „daß dies Sprechen wirklich ein Denken und Empfinden voraussetze" (H 37, 37-38,1). Das Entscheidende an diesen Kriterien ist, dass ein Automat diese Tätigkeiten nicht ausführen kann, zumal sie ansonsten keine ausreichende Basis für eine menschliche Liebesbeziehung darstellen.[36]

Hier wird außerdem die damalige Frauenrolle beleuchtet. Es ist nicht verwunderlich, dass eine große Zahl der Automaten in der Literatur weiblichen Geschlechts sind, da die Frau als „Prototyp des sozialen Wesens"[37] auch am meisten von der Gesellschaft geprägt wird. In einer Gesellschaft, in der alles so sehr durch Normen und Konventionen geregelt ist, dass maschinenhaftes Verhalten nicht auffällt, muss die Frau zwangsläufig zur Maschine werden. Die natürliche Frau wird durch den Automaten mit den auf die Bedürfnisse des Mannes zugeschnittenen Reizen ersetzt. Die Künstlichkeit erfährt dabei eine Umwertung und wird als das wahre Schönheitsideal präsentiert.[38] Olimpias perfektes Ausfüllen ihrer sozialen Rolle ist dabei ein wichtiger Grund, weshalb sie sich so gut als Projektionsfläche für Nathanael eignet. Gerade Claras Versuch, ihm seine Angst vor Coppelius durch eine rationale Betrachtung des Sachverhalts zu nehmen, ärgert Nathanael. Für ihn ist eine solche Denkweise bei Frauen nicht akzeptabel, zumal sie mit Selbständigkeit und Widerspruch einhergeht. Die Frau als Automat lässt sich dagegen

---

[34] Vgl. Hohoff, S. 339.
[35] Ebd.
[36] Vgl. Drux, S. 96.
[37] Boie, S. 248.
[38] Ebd., S. 254.

wunschgemäß formen, so wie auch Nathanael aus Olimpias Augen alles herausliest, was er braucht, um sich verstanden zu fühlen.[39]

Das „Mißtrauen gegen menschliche Figuren" (H 37, 31), das sich bei vielen hohen Herren einschleicht, zeigt weiterhin, dass das Problem nicht in seiner Ursache bekämpft wird. Anstatt die Konventionen und Werte der gesamten Gesellschaft zu ändern, geht man gegen einzelne Personen vor. Es findet folglich keine wirkliche Erkenntnis statt. Die Empörung über den Betrug verdeckt das Fehlen des echten Entsetzens, das die Entlarvung eines gesellschaftsfähigen Automaten auslösen müsste. Künstliches Verhalten ist so alltäglich und normal, dass es als einzig akzeptable Umgangsform gesehen wird.[40]

Auch die Reaktion des Rhetorikprofessors, der den Vorfall zu einer Allegorie und Metapher erklärt, ist eine geschickte Methode, das wahre Ausmaß des Ganzen zu verbergen. Ihm als Gelehrten genügt diese Feststellung, seine Zuhörer bräuchten eine Erklärung, um zu verstehen, was damit gemeint ist. Dass die heiratsfähigen Bürgerstöchter mit Olimpia und deren Liebhaber mit dem vor Liebe blinden Nathanael verglichen werden, wird nicht erläutert, was ein weiterer Grund für die ausbleibende Erkenntnis ist.[41]

Hoffmann benutzt in mehreren seiner Werke „die Allegorie im Sinne eines uneigentlichen Bedeutungszusammenhangs zumeist dann [...], wenn ein Gegenstand oder Sachverhalt den Verstehenshorizont der Rezipienten übersteigt".[42] Durch die Allegorese können unerklärliche Ereignisse als Zeichen ausgelegt und damit der Realität enthoben werden. Ihre phantastische Existenz wird geleugnet, sie werden alltäglich. Auf diese Weise persifliert Hoffmann das philisterhafte Verhalten allzu rational denkender Menschen, für die es nur das Realistische, Messbare und naturwissenschaftlich Erklärbare gibt.[43] Gegen diese Weltauffassung der Aufklärung wehrt sich der Romantiker Hoffmann entschieden, da sie die Unberechenbarkeit des Lebens verkennt. Dem Anspruch der Aufklärung, die Natur als Mechanismus auszulegen, entspricht auf der gesellschaftlichen Ebene ein in feste Formen gepresstes Leben mit geregelten Abläufen, die keinen Raum für spontane Gefühle lassen. Eine solche Gesellschaft zerstört nach Hoffmann mit wachsender Mechanisierung alles Seelische und macht ihre Mitglieder zu Automaten.[44]

---

[39] Vgl. Drux, S. 96f.
[40] Vgl. Boie, S. 249f.
[41] Vgl. Drux, S. 95.
[42] Ebd.
[43] Ebd., S. 95f.
[44] Vgl. Kreplin, S. 119f.

5 Fazit

Das sich aus dem Marionettenstil entwickelte Automatenmotiv steht für die in der Romantik oft behandelte Zerrissenheit des menschlichen Daseins. Wie die Marionette verkörpert auch der Automat die menschliche Unfreiheit in Bezug auf das Schicksal. Hoffmann benutzt das Automatenmotiv des Weiteren, um die Beziehungen des Menschen zu seiner Außenwelt darzustellen. In „Der Sandmann" finden sich diese Punkte in Nathanaels Beziehung zum Automaten Olimpia und in seinem Glauben an eine fremde Macht, die sein Leben zerstört.

Nathanael, der auf Grund seiner narzisstischen Persönlichkeit zu echter Kommunikation und damit zu einer echten zwischenmenschlichen Beziehung nicht fähig ist, findet in der stummen und passiven Olimpia eine passende Partnerin. Als leerer Automat kann sie Nathanaels überschwängliche Gefühle in sich aufnehmen. Ihre toten Augen, die das Fehlen einer Seele anzeigen und sie damit als nicht menschlich kennzeichnen, beseelt Nathanael für sich mit Hilfe eines Perspektivs, das die Lebenskraft in seinen Blicken bündelt und auf den Automaten überträgt. Nathanael selbst verliert dadurch die Erkenntnisfähigkeit seiner Augen. Die Holzpuppe wird für ihn zu einem himmlischen Geschöpf, das ihn versteht und so denkt wie er, während es sich nur um eine Widerspiegelung seiner eigenen Gefühle handelt. Mit der Zerstörung Olimpias offenbart sich ihm seine Vorstellung von Liebe und Bestätigung als Illusion.

Nathanaels gestörte Beziehung zur Außenwelt resultiert in eine starke Schicksalsgläubigkeit, durch die bestimmte Vorfälle in einen kausalen Zusammenhang gebracht werden. Er fühlt sich wie eine Marionette des Schicksals, deren Leben durch eine fremde, böse Macht zerstört wird. Seine Verlobte Clara hingegen legt den Sachverhalt logisch-rational aus und sieht seine Ängste nur in seinem Innenleben begründet.

Hoffmann kritisiert diese aufklärerische Weltauffassung, in der kein Platz für das Phantastische ist. Für die Aufklärung ist sogar Gott nur ein geschickter Mechaniker, die Schöpfung ein Mechanismus, den die Menschen nachbauen wollen. Dass dieses Bestreben schon sehr alt ist, hat die Geschichte des Automatenmotivs gezeigt. Wohin der Drang nach Mechanisierung des Lebens führen kann, verdeutlicht Hoffmann am Bild der automatisierten Gesellschaft, in der die Künstlichkeit eines Automaten nicht stört.

Bereits die Person der Bürgerstochter Clara, die in vielen Punkten als Ebenbild Olimpias angelegt ist, weist auf den Spott Hoffmanns über das geregelte und gefühlsfeindliche Leben in der Gesellschaftsmaschinerie hin. Die nicht von Automaten zu unterscheidenden Menschen sind der Gefahr ausgesetzt, ihre Seele zu verlieren.

Erstaunlich ist, dass Hoffmann hiermit auf ein Problem aufmerksam macht, das heute aktueller ist denn je. Der technische Fortschritt hat die menschliche Arbeitskraft ersetzbar gemacht, viele Bereiche des heutigen Lebens werden durch Computer kontrolliert und die Schaffung eines künstlichen Menschen ist längst kein unerreichbarer Traum mehr. Maschinen sollten eigentlich das Leben des Menschen erleichtern, doch die Mechanisierung des Lebens ist inzwischen so weit fortgeschritten, dass man meinen könnte, der Mensch schafft sich Maschinen, damit diese sein Leben ganz übernehmen.

6 Literaturverzeichnis

6.1 Primärliteratur

Hoffmann, E.T.A.: Der Sandmann, herausgegeben von Rudolf Drux, Stuttgart 1991.

6.2 Sekundärliteratur

Boie, Bernhild: Der zärtliche Haubenstock und die schöne Automate: Zur weiblichen Kunstfigur der Romantik, in: Seminar 20, 1984, S.246-261.

Drux, Rudolf: Marionette Mensch. Ein Metaphernkomplex und sein Kontext von E.T.A. Hoffmann bis Georg Büchner, München 1986.

Feldges, Brigitte; Stadler, Ulrich: E.T.A. Hoffmann. Epoche – Werk – Wirkung, München 1986.

Hohoff, Ulrich: E.T.A. Hoffmann. Der Sandmann. Textkritik, Edition, Kommentar, Berlin und New York 1988.

Kreplin, Dietrich: Das Automatenmotiv bei E.T.A. Hoffmann, Bonn 1957.

Sauer, Lieselotte: Marionetten, Maschinen, Automaten. Der künstliche Mensch in der deutschen und englischen Romantik, Bonn 1983.